mary

Les j

UNE BABY-SITTER, NON MERCI !

Vous aimez les livres de la série

mary-kate olsen **ashley** olsen
Les jumelles s'en mêlent

Écrivez-nous pour nous faire partager
votre enthousiasme :

Pocket Jeunesse - 12, avenue d'Italie - 75013 Paris

mary-kate olsen **ashley** olsen

Les jumelles s'en mêlent

Une baby-sitter, non merci !

Une adaptation de Judy Kartschke
d'après la série télévisée créée
par Robert Griffard & Howard Adler

Traduit de l'américain
par Christine Bouchareine

POCKET
jeunesse

Titre original :
It's a Twin Thing

Publié pour la première fois en 1999
par Harper Entertainment, États-Unis.

Loi n° 49-956 du 16 juillet 1949 sur les publications destinées à la jeunesse : septembre 2003.

TWO OF A KIND books created and produced by Parachute Press, LLC, in cooperation with Dualstar Publications, a division of Dualstar Entertainment Group, LLC, published by Pocket Jeunesse, a department of Univers Poche.

For information address Pocket Jeunesse, 12 avenue d'Italie 75627 Paris Cedex 13.

ISBN 2-266-13516-3

1

— Plus que vingt-quatre heures, soupira Mary-Kate en regardant sa montre.

— Tu m'as parlé ? demanda Ashley, sa sœur jumelle, derrière elle sur l'escalator.

— Il ne nous reste plus que quelques heures de liberté. Tu te rends compte ?

Ashley souffla sur la frange blonde qui lui tombait dans les yeux.

— Mary-Kate, c'est juste le dernier jour des vacances, pas la fin du monde !

— Ah bon ? Pour moi, ça revient au même ! Je ne suis pas pressée de rentrer en cinquième ! Surtout avec Mlle Tandy. Il paraît que c'est la prof la plus sévère de Chicago !

— Bon, les filles, dit Kevin, leur père, alors qu'ils atteignaient le niveau supérieur du grand magasin. Il vous reste exactement une heure pour trouver vos tenues de rentrée.

— Et si on prenait des uniformes de prisonniers ? grommela Mary-Kate.

— Non, répondit Ashley en la toisant des pieds à la tête. La couleur ne t'ira pas.

Mary-Kate tira sur son t-shirt déjà trop grand.

— Très drôle ! ricana-t-elle.

Elle détestait faire les courses, sauf s'il s'agissait d'acheter des casquettes de baseball, des genouillères ou des baskets…

Toutes deux se dirigèrent vers un rayon qui regorgeait de pantalons noirs et de T-shirts très colorés.

— Ha, le coin des filles ! jubila Ashley. C'est comme ça que je conçois le paradis.

Les panneaux RENTRÉE DES CLASSES foisonnaient. Quel manque de discrétion !

Kevin brandit une robe rose à pois bleus avec un grand col blanc.

— Regardez, les filles ! Elle est chouette, non ?

Mary-Kate leva les yeux au ciel. Certes, elle ne s'intéressait pas à la mode, mais son père avait un goût assez... ringard.

— Papa, je t'en prie ! chuchota Ashley en jetant un regard gêné autour d'elle. Nous rentrons en cinquième, pas en maternelle.

— Oui, renchérit Mary-Kate. Pense à notre réputation.

— Quand j'avais votre âge, les filles portaient ce genre de robes, protesta Kevin.

— Oui, et elles jouaient avec des dinosaures, rétorqua Mary-Kate.

— Impossible. Les dinosaures ont disparu bien avant que le premier homme n'apparaisse...

— Oh la la ! soupira Ashley. Cours n° 5053.

— Il ne changera jamais ! gloussa Mary-Kate.

Avoir un père professeur d'université présentait aussi certains inconvénients. Tout était prétexte à des cours. Que ce soit au petit déjeuner, pendant le dîner, les trajets en voiture, et même en sortant la poubelle !

— Papa, le coupa Ashley, si tu allais t'asseoir avec les autres parents pendant nos essayages, proposa-t-elle en lui montrant une rangée de sièges.

— D'accord. Mais vous prenez juste une tenue chacune. Ma carte de crédit ne s'est pas encore remise de vos derniers achats.

— Ne t'inquiète pas, le rassura Mary-Kate. J'ai seulement besoin d'un jean et d'une nouvelle paire de crampons pour mes chaussures de base-ball.

— Parle pour toi, marmonna Ashley.

Dès que son père s'éloigna, elle attrapa Mary-Kate par le bras.

— Prête à l'attaque ! chuchota-t-elle. On commence par les vêtements sport et on termine par les tenues plus habillées, au cas où on aurait beaucoup de succès, cette année.

En soupirant, Mary-Kate la regarda se précipiter sur un étalage de pulls. Il suffisait de voir son short et son cardigan bien blancs pour comprendre la place importante que les vêtements tenaient dans sa vie.

— Lequel tu préfères ? cria Ashley en brandissant deux pulls. Le gris ou le rouge ? Le gris devrait mettre en valeur le bleu de nos yeux, mais ce rouge est génial avec les cheveux blonds.

— Je m'en fiche, pourvu qu'il ne me gratte pas.

— C'est dingue d'avoir des goûts aussi différents ! soupira Ashley.

— Je te rappelle que nous ne sommes pas de vraies jumelles, même s'il est difficile de nous distinguer l'une de l'autre.

— Pourquoi suis-je la seule de la famille à adorer le shopping ? gémit Ashley en jetant les deux pulls sur la table.

— Maman aimait bien, elle aussi, tu te souviens ?

— Oui, acquiesça Ashley avec un petit sourire triste. Elle disait même que s'il ne lui restait plus qu'un jour à vivre, elle le passerait dans les magasins.

Mary-Kate ne put s'empêcher de rire, mais au fond d'elle-même, elle avait du chagrin.

Malheureusement, leur mère avait passé le dernier jour de sa vie à l'hôpital. Les jumelles n'avaient que huit ans quand elle était morte, pourtant Mary-Kate s'en souvenait comme si c'était la veille.

— On s'amusait si bien avec elle. Elle me manque terriblement.

— À moi aussi. Papa est génial, mais il ne peut pas la remplacer.

Mary-Kate hocha la tête. Depuis la disparition de leur mère, Kevin s'efforçait de remplir les deux rôles. Et parfois, c'était catastrophique !

Ashley continuait à choisir des pulls. La pile lui arrivait presque au menton !

— Ça y est, je suis prête. Et toi, qu'est-ce que tu vas essayer, Mary-Kate ?

— Je voudrais un grand T-shirt avec l'emblème des Cubs.

— Il n'y en a pas ici.

— Il faut aller au rayon des garçons. Tu viens ?

— Alors là ! Pas question !

— Pourquoi ? Ce n'est pas parce que je suis une fille que je suis forcée de me déguiser en princesse.

— Mary-Kate, attends-moi ! Tu ne vas pas entrer dans le vestiaire des garçons... Et je t'interdis de dire que je m'habille comme une princesse !

Mary-Kate pivota et faillit éclater de rire en la voyant courir avec sa pile de pulls en équilibre.

Dans le rayon des garçons, Mary-Kate repéra immédiatement deux élèves de son collège, Michael Cruz et un garçon aux cheveux châtains. Il avait un drôle de prénom. Quelque chose qui ressemblait à Honey... ou Dopey... ou...

— Pokey ! s'exclama-t-elle. Pokey Valentine !

— Quoi ? s'écria Ashley, hors d'haleine.

— Le garçon qui se trouve là-bas, près des chaussettes. Il s'appelle Pokey Valentine. Il est dans notre classe, cette année.

Ashley tourna la tête, vit Pokey et se cacha en rougissant derrière sa pile de pulls.

— Pokey Valentine, répéta Ashley rêveusement.

— Qu'est-ce qui te prend ? Ça va pas ?

— Euh... si, si.

— Mon œil !

Mary-Kate prit une casquette de base-ball et l'essaya.

— Tu es sûre qu'il sera dans notre classe ? demanda Ashley. Comment tu le connais ?

— Je l'ai croisé à un match de base-ball, cet été. Il disait qu'il aurait Mlle Tandy à la rentrée, comme nous.

Ashley lui colla sa pile de pulls dans les bras et se précipita vers l'escalator.

— Où vas-tu ? cria Mary-Kate.

— J'ai oublié le principal !

— Quoi donc ?

— Tu sais bien, du rouge à lèvres, de l'ombre à paupières, du blush !

— Tu veux dire du maquillage ? hurla Mary-Kate.

— Chut ! Pas si fort ! Il va t'entendre, chuchota Ashley en coulant un regard dans la direction de Pokey Valentine.

— Oh, non ! gémit Mary-Kate (elle rabattit sa casquette devant ses yeux). Elle est amoureuse !

Elles se dirigèrent vers leur père pour le prévenir qu'elles redescendaient au rez-de-chaussée. Il était toujours assis au rayon des filles et lisait son journal. Un magazine scientifique, sans doute.

— C'est déjà dur de lui parler de vêtements, remarqua Ashley.

— Je m'imagine encore moins lui parler de garçons, renchérit Mary-Kate.

— Moi, non plus. Avec maman, nous n'aurions eu aucun problème.

— Ou avec une autre femme.

Ashley regarda Pokey Valentine à la dérobée.

— Il est tellement mignon ! soupira-t-elle. Vivement que les cours reprennent.

Eh bien, moi, je ne suis pas pressée, songea Mary-Kate. *Mais alors, pas du tout !*

2

DRRRING ! DRRRING !

Mary-Kate enfonça la tête dans son oreiller tout en cherchant à tâtons le réveil.

— Pitié ! gémit-elle.

Où était passé cet engin de malheur ? Il aurait dû se trouver sur sa table de nuit.

Ouf! La sonnerie s'arrêta enfin et Mary-Kate remonta ses couvertures.

— Debout ! cria Ashley. Il faut te lever. C'est la rentrée !

Mary-Kate ouvrit un œil. Ashley était déjà habillée de pied en cap avec la jupe noire et le chemisier rouge qu'elle avait achetés la veille.

— Tu vas finir par être en retard.
— Je n'irai pas. Je suis malade.
— Malade ? Mais c'est le premier jour.
— Justement. C'est ça qui me déprime.
— Si tu craques dès le premier jour, comment supporteras-tu les deux cents suivants ?
— Deux cents ! J'en mourrai !

Ashley haussa les épaules et alla faire son lit.

Les deux jumelles partageaient la même chambre mais leurs moitiés respectives ne se ressemblaient pas du tout. Alors que le lit d'Ashley avait des draps imprimés de roses, ceux de Mary-Kate étaient couverts de logos d'équipes de base-ball. Le côté d'Ashley était parfaitement rangé, alors qu'on avait toujours l'impression qu'un cyclone venait de s'abattre sur celui de Mary-Kate.

Comment pouvons-nous être jumelles ? se demanda Ashley pour la millième fois.

Elle finit son lit et, touche finale, appuya son ours favori contre l'oreiller.

Puis elle sortit un sac en papier d'un tiroir de sa commode. Le grand moment était venu : celui de déballer son nouveau maquillage.

— Du blush, du rouge à lèvres, de l'ombre à paupières et du mascara, énuméra-t-elle.

Elle se mit un nuage de blush, souligna ses lèvres de mauve. Puis elle se contempla dans la glace.

Parfait !

Soudain, le visage de Mary-Kate apparut dans le reflet de la glace.

— Du rouge à lèvres ? Mais qu'est-ce que tu fais, Ashley ?

— Je me prépare pour la rentrée.

— Prépare-toi à un scandale ! Papa va hurler.

— Tu n'as rien dit quand j'ai acheté mes produits, hier, dit Ashley en dévissant le tube de mascara. Et je les ai payés avec mon argent de poche. Alors où est le problème ?

— Je pensais que tu en mettrais progressivement. Un peu de blush un jour, un soupçon de mascara deux ans après... enfin, de quoi laisser le temps à papa de s'y habituer.

— Il ne dira rien, dit Ashley. Je parie même qu'il ne s'en apercevra pas.

— Reviens sur terre ! Il n'a pas voulu que tu en mettes à la soirée d'Halloween, l'an dernier. Et tu étais déguisée en clown !

— C'est parce que je n'avais que dix ans. Maintenant, à onze ans, nous sommes pratiquement des ados. D'ailleurs si maman était encore là, non seulement elle m'y autoriserait mais elle me montrerait même comment faire.

— Je n'en suis pas sûre. Et il est question de papa, pas de maman.

— Mary-Kate, Ashley ! appela Kevin. Dépêchez-vous ! Vous allez être en retard !

— Viens, dit Mary-Kate (elle entraîna sa sœur loin du miroir). Tu sais comme ça l'énerve quand le petit déjeuner refroidit.

— On prend toujours des corn flakes, protesta Ashley en jetant le mascara sur sa commode. Ça ne risque pas de refroidir !

Les jumelles entrèrent dans la cuisine au moment où leur père posait des brioches aux myrtilles sur la table. Il n'en faisait que dans les grandes occasions.

— Chouette ! s'exclama Mary-Kate. C'est pour nous ?

— Non, j'attends des amis après votre départ, alors ne salissez pas l'argenterie, plaisanta Kevin.

— Très drôle ! grommela Ashley.

Mary-Kate choisit une brioche, puis elle se versa un verre de lait.

Kevin posa le beurrier sur la table et regarda fixement Ashley.

— Ma chérie, tu te sens bien ?

— Bien sûr, papa, répondit-elle en posant une brioche sur son assiette. Pourquoi ?

— Je te trouve un peu rouge.

Mary-Kate faillit s'étrangler avec son lait.

— Tu veux dire un peu poudrée, papa. Aïe !

Un coup de pied sous la table l'arrêta net.

— Ashley, ne me dis pas que tu t'es maquillée, reprit Kevin.

— Enfin, papa, protesta Ashley, j'ai onze ans !

— Effectivement. Et tu pourras te maquiller quand tu en auras treize.

— Mais c'est dans une éternité !

— Va enlever tout ça avant d'aller en classe.

— D'accord... soupira Ashley. Tu sais, rien n'arrêtera la marche du temps.

— Tu as raison. Alors, en avant... marche ! dit-il en montrant l'escalier.

Mary-Kate regarda sa sœur monter d'un pas lourd.

— Ça promet, grommela-t-elle, et elle mordit dans sa brioche.

On frappa à la porte.

— Entrez ! répondit-elle, la bouche pleine.

C'étaient Jessica et Max, les amis des jumelles.

— Salut, dit Jessica.

— B'jour, marmonna Max, à peine réveillé.

Jessica portait un nouveau pull rayé et un pantalon noir. Elle avait attaché ses long cheveux bruns en queue de cheval. Et Mary-Kate eut la vague impression qu'elle s'était mis du mascara.

Quant à Max, on aurait dit qu'il avait dormi dans ses vêtements. Son baggy était froissé et une grosse tache de confiture s'étalait sur sa chemise. Visiblement il avait oublié de se coiffer.

— Salut, Jessica ! Salut, Max ! Alors, heureux de retourner à l'école ? demanda Kevin.

Max le dévisagea comme s'il était un Martien.

— Je danse de joie. Au lieu de jouer au ballon, je vais me plonger dans l'étude de la Bolivie ou peut-être du Guatemala.

— Sais-tu que ce pays a l'un des écosystèmes les plus surprenants du monde...

Mary-Kate leva les yeux au ciel.

— Papa, je t'en prie : les vacances d'été ne seront terminées que dans vingt minutes.

Max se pencha par-dessus l'épaule de Mary-Kate et prit une brioche.

— Oui, acquiesça-t-il. Et je préfère y aller mollo au début. Je ne voudrais pas risquer une allergie.

— Une allergie ? répéta Kevin sans comprendre.

— Oui, l'an dernier, Max a ouvert son livre de maths trop tôt et ça l'a fait vomir, expliqua Jessica.

— Je suis très fragile, dit Max en haussant les épaules.

Kevin se pencha pour dévisager longuement Jessica.

— Dis-moi, Jessica ? Serais-tu maquillée ?

Mary-Kate s'arrêta de mâcher. Son père avait caché un détecteur de brillant à lèvres sous la table, ou quoi ?

— Le jour de la rentrée, toutes les filles se maquillent.

— Pas toutes, dit Mary-Kate.

Sa sœur descendait l'escalier d'un pas toujours aussi pesant, le visage rouge d'avoir été frotté.

— Ashley ! s'exclama Jessica. Je croyais que tu devais te maquiller aujourd'hui ?

— Moi aussi, répondit Ashley en lançant un regard incendiaire à son père. Bon, allons-y. Il ne faudrait pas arriver en retard, quand même.

Ashley et Mary-Kate prirent quelques brioches avant d'embrasser leur père.

— Au revoir, papa, dit Ashley.

— À plus tard ! lança Mary-Kate.

Kevin suivit les jumelles.

— Au fait, les filles, je mettrai une annonce à l'université, aujourd'hui.

— Une annonce ? répéta Ashley.

— Pourquoi ? demanda Mary-Kate. (Son regard s'illumina d'un coup.) Tu veux bien qu'on ait un chien ?

— Non. Mon intention est de trouver une baby-sitter qui vous garde les soirs où je rentre tard.

— Une baby-sitter !

Le comble de la honte. C'était donc pour ça qu'il leur avait fait des brioches : il voulait les embobiner.

— On prend des baby-sitters pour les bébés ! protesta Ashley.

— Tu as raison, dit-il.

Mary-Kate et Ashley échangèrent un regard rempli d'espoir.

— C'est pour cela que je préfère le terme de monitrice d'activités extra-scolaires, ajouta-t-il avec un sourire.

Mary-Kate le fusilla du regard. Comment osait-il plaisanter dans un moment pareil ?

— La belle différence !

— J'ai demandé à Mme Baker de s'occuper de vous en attendant.

— Mme Baker ! cria Mary-Kate.

— Mais elle est trop vieille ! protesta Ashley.

— Justement. Elle a des années d'expérience.

— Oui, marmonna Mary-Kate. Elle a dû élever Christophe Colomb.

Les quatre amis avancèrent dans le couloir.

— Attendez, les filles, dit Max. Ne me dites pas qu'il faut encore vous garder.

— Toi, tu te tais ! rugit Mary-Kate.

Et elle lui arracha sa brioche.

— Oooh ! La journée commence mal, murmura Jessica.

— Tu m'étonnes ! grommela Mary-Kate en franchissant le seuil de la porte. C'est la rentrée des classes et nous avons Mme Baker comme baby-sitter. Tu peux imaginer pire ?

3

— L'effet de serre n'est pas un phénomène nouveau, expliquait Kevin Burke à sa classe. Mais si la température de la Terre continue à s'élever, poursuivit-il en montrant une planisphère, les glaces fondront, le niveau des océans montera et vous irez à la fac en canoë.

Kevin était professeur de sciences appliquées à l'environnement. Ce matin, le cours avait porté sur le réchauffement de la planète.

— C'est terminé pour aujourd'hui. N'oubliez pas que nous nous retrouverons mercredi matin, au labo, à 7 h 30 précises.

Les étudiants se levèrent et ramassèrent leurs affaires.

— Écoutez-moi tous ! s'écria une fille au second rang.

Elle portait une jupe courte marron et un chemisier bariolé. Ses cheveux blond-roux étaient coupés en dégradé. Kevin se demanda si c'était leur couleur naturelle.

— Que se passe-t-il ? demanda-t-il.

— Je voulais juste dire que ce cours était génial. Merci, monsieur Burke.

Et elle se mit à applaudir. Bientôt les autres étudiants l'imitèrent.

Kevin se demanda ce que cette fille cherchait. D'accord, son cours était bon, mais il ne fallait pas exagérer.

— Je vous remercie, dit-il, légèrement gêné. Merci à vous, mademoiselle…

— Moore. Carrie Moore. Monsieur, avant de partir, je voudrais vous poser une petite question au sujet du labo, le mercredi, fit-elle alors que les autres étudiants s'en allaient.

Nous y voilà, songea Kevin.

— Oui ?

Elle s'approcha de son bureau. Ses chaussures à semelles compensées résonnèrent sur le sol.

— 7 h 30 ! Cela me fait un petit déjeuner à six heures et quart. Il fait encore nuit à cette heure-là !

— Désolé, Carrie, répondit-il sèchement en empilant ses livres. C'est la même heure pour tout le monde.

— Et si je demandais au professeur suivant de décaler son cours d'une demi-heure pour qu'on commence à 8 heures ?

— Je ne vois pas ce qu'il y a de fâcheux à se lever tôt.

— Vous me comprendriez si vous aviez passé l'année à distribuer les cartes dans un casino de Las Vegas. On se couche tard, dans ce métier-là.

— Vous avez travaillé à Las Vegas ? Mais quel âge avez-vous ?

— Vingt-six ans. J'ai arrêté mes études pour courir le monde. Et me voilà de retour.

— Eh bien, vous allez commencer par apprendre à vous lever de bonne heure, dit-il avec un grand sourire, et il attrapa sa sacoche.

— C'est vous le patron. (Elle se dirigea vers la porte et se retourna brusquement.) Au fait, qui est le vôtre ?

Kevin croisa les bras.

— Vous savez, chaque année, j'ai un étudiant dont le souvenir, j'en suis sûr, me marquera jusqu'à la fin de mes jours. Cette année, j'ai comme l'impression que ce sera vous.

4

— Mlle Tandy nous a donné des devoirs le jour de la rentrée ! Je n'arrive pas à le croire, gémit Mary-Kate.

— Tu as Tandy ! s'écria Max, horrifié. J'ai même entendu dire qu'elle en donnait à des élèves qui n'étaient pas dans sa classe !

Les jumelles étaient assises avec leur copain sur le perron de la maison. Après avoir surmonté cette première journée de classe, ils se préparaient à affronter leur première soirée de devoirs !

— Pas question que je rate le match de soft-ball[1] lundi prochain à cause de ces maudits devoirs, décréta Mary-Kate.

Ashley se tassa sur elle-même. Chaque fois qu'il était question de soft-ball, elle se sentait mise à l'écart. Alors que Mary-Kate était une vraie pro. Elle était douée pour frapper, attraper la balle et même tenir tête à l'arbitre !

Je suis tout juste bonne à chauffer mon siège ! songea Ashley.

Elle savait qu'elle se distinguait dans d'autres domaines comme la cuisine ou la pâtisserie. Mais personne ne hurle votre nom ou vous porte en triomphe lorsque vous réussissez vos cookies.

1. Le soft-ball est une variante du base-ball qui se joue sur un terrain plus petit avec une balle plus grosse et plus légère, qu'on lance par-dessous, plus facile à manier que la balle de base-ball. C'est pourquoi ce sport est également pratiqué par les femmes et les enfants (parfois en équipes mixtes) alors que le base-ball est réservé aux hommes. *(N.d.T.)*

— Tu crois vraiment qu'on pourra battre l'équipe de Dearborn Street ? demanda Max à Mary-Kate.

— On a intérêt. Je leur promets une pâtée depuis trois semaines.

— Et du coup, ils m'ont poursuivie jusqu'à la maison en me prenant pour toi, se plaignit Ashley.

— Désolée, gloussa Mary-Kate.

Ashley se retourna : la porte d'entrée venait de s'ouvrir derrière elle.

— Mme Baker, notre geôlière, chuchota Mary-Kate.

— Chut, elle va t'entendre, la gronda Ashley.

— Mary-Kate, Ashley, le temps se rafraîchit, dit la vieille dame en tendant leurs vestes. Couvrez-vous.

— Mais je n'ai pas froid, madame Baker, protesta Mary-Kate.

— Moi non plus, dit Ashley.

Mme Baker toisa les jumelles.

— Eh bien, dans ce cas, je vous demande de rentrer.

Ashley leva les yeux au ciel et prit son pull. Mary-Kate en fit autant.

— Je savais que vous changeriez d'avis, dit gaiement Mme Baker.

Et elle attendit que les filles aient boutonné leur vêtement jusqu'au menton avant de retourner à l'intérieur.

— Je n'en reviens pas que vous ayez la vieille Mme Baker comme baby-sitter, dit Max. C'est elle qu'on devrait garder.

— Et comme elle n'arrive pas à nous distinguer l'une de l'autre, elle voudrait qu'on porte des badges ! dit Ashley.

— Heureusement, elle ne devrait pas rester très longtemps, dit Mary-Kate. J'ai décidé que nous n'avions plus l'âge d'être surveillées.

— Tu rêves, Mary-Kate ? Tu en as parlé à papa ?

— Inutile. J'ai un plan.

— Quel plan ? s'écria Max, les yeux écarquillés.

— Je dois encore régler certains détails, mais ça se précise.

— Salut ! leur cria une jeune femme rousse en jean.

— Wahou, super, les chaussures à semelles compensées ! chuchota Ashley. Voilà ce que j'appelle du style.

— Tu crois que c'est sa couleur de cheveux naturelle ? murmura Mary-Kate.

— Je suis bien au 238 ? demanda la jeune femme en s'approchant d'elles.

— Pourquoi ? riposta Mary-Kate. Vous êtes de la police ?

— Non. Je m'appelle Carrie. Je viens pour la place de baby-sitter.

Ashley sursauta : encore ce maudit mot !

— Trop tard, dit Mary-Kate. Elle est déjà prise.

Carrie eut l'air navrée.

— Oh, non !

— Désolée, dit Mary-Kate avec un haussement d'épaules.

— Enfin, si vous voulez nous laisser votre numéro de téléphone, nous le transmettrons à notre père. Il devrait rentrer d'une minute à l'autre.

Carrie la regarda et plissa les yeux.

— Vraiment ? Mais s'il n'est pas encore à la maison, comment a-t-il pu déjà engager une baby-sitter ?

Ashley se sentit rougir.

Max éclata de rire.

— Tu t'es fait avoir !

— Dis donc, Max, rugit Mary-Kate entre ses dents, si t'allais voir ailleurs si j'y suis.

— D'accord, d'accord. J'ai compris. Je m'éclipse.

Il se leva d'un bond, ramassa ses affaires et partit en courant.

Carrie s'assit à sa place.

— J'ai cru comprendre que vous n'aviez pas envie d'avoir quelqu'un sur le dos en permanence, les filles. Vous avez tant de choses à penser : l'école, la coiffure, les vêtements, les garçons.

— Elle me connaît trop bien, glissa Ashley à Mary-Kate.

— Les fringues et les mecs, moi, je m'en fiche, grommela Mary-Kate d'un ton dégoûté. À moins qu'elle ne puisse m'apprendre à lancer les balles en tire-bouchon, je ne l'imagine pas en baby-sitter.

— Non, ça, je ne sais pas, mais je peux t'enseigner une passe lobée que j'ai apprise en stage d'été.

— Vous avez fait un stage de base-ball ! s'écria Mary-Kate, les yeux écarquillés. Ça vous a plu ?

— Une fille pour vingt-deux garçons ! Imagine un peu !

— Et qu'est-ce qui vous intéresse, sinon ? s'enquit Ashley.

— Voyons... J'adore écouter des CD, aller au cinéma, et... faire du shopping.

— Vous avez dit shopping ? s'exclama Ashley.

— Oui, j'adore. En fait, j'aimerais être un mille-pattes pour pouvoir m'acheter des tonnes de chaussures, dit Carrie en agitant ses sandales.

Ashley éclata de rire. Si elles devaient absolument avoir une baby-sitter, Carrie ne lui déplaisait pas.

— Vous m'apprendrez à lober, Carrie ? demanda Mary-Kate.

— Vous me prêterez vos vêtements ? fit Ashley.

— Holà ! s'écria Carrie. Je n'ai pas encore décroché le job.

— Les filles, je suis rentré ! cria Kevin au même moment.

— Laissez-nous faire, chuchota Ashley. C'est dans la poche.

5

Les deux filles se précipitèrent au-devant de leur père.

— Papa, papa ! cria Ashley. Nous avons trouvé la personne idéale pour nous garder après l'école !

— Oui, elle est géniale, approuva Mary-Kate. Elle pourra jouer au base-ball avec moi et faire les courses avec Ashley.

— Une fille qui vous plaît à toutes les deux ? s'étonna-t-il. Je devrais peut-être l'épouser.

Il aperçut alors la jeune femme qui attendait sur le perron. Carrie Moore !

— Monsieur Burke, salua-t-elle, apparemment surprise.

Non, à la réflexion, je ne l'épouserai pas, corrigea-t-il. Et puis il voulait engager une baby-sitter, c'est-à-dire quelqu'un de responsable. Carrie ne convenait pas du tout !

— J'ignorais que c'était vous qui aviez mis cette annonce, dit Carrie en dépliant un petit papier rose.

— Le monde est petit, balbutia Kevin. Trop petit.

— Attendez ! s'écria Mary-Kate. Vous vous connaissez, ou quoi ?

— Vous êtes... amis ? s'enquit Ashley.

Kevin rougit. Il ouvrit la bouche pour protester. Carrie le devança.

— Je suis les cours de votre père, expliqua-t-elle.

— Vous voulez dire que vous êtes une de ses étudiantes ? s'esclaffa Ashley.

— Il vous a aussi donné des devoirs le jour de la rentrée ? demanda Mary-Kate avec un petit sourire espiègle.

— Si vous alliez faire les vôtres pendant que je parle avec Carrie, suggéra Kevin.

— Bien sûr, papa, dit Ashley. Au revoir, Carrie, ajouta-t-elle avec un grand sourire.

— À bientôt, j'espère, dit Mary-Kate. À très bientôt.

Kevin regarda ses filles rentrer en courant. Elles semblaient beaucoup apprécier cette jeune femme.

Il ne pouvait pas en dire autant !

— Ce travail me conviendrait parfaitement, monsieur Burke, dit Carrie d'un ton assuré. Votre maison est à côté de l'université et vos filles sont géniales.

— Carrie...

— Alors, quand dois-je commencer ? le coupa-t-elle en se frottant les mains.

— Co... commencer ? bégaya Kevin. Écoutez, Carrie, j'ai mis cette annonce ce matin seulement. Je voudrais voir d'autres candidates. Vous savez quoi... je vous appellerai.

Elle le regarda droit dans les yeux.

— Non, vous ne le ferez pas, affirma-t-elle.

— Pardon ?

— Le dernier type qui m'a dit « Je vous appellerai » était Bobby Clayton, en première année de fac. Je crois que j'aurai de ses nouvelles avant d'en avoir des vôtres. Bonne chance, monsieur Burke ! lança-t-elle en s'éloignant. Je vous souhaite de trouver la perle que vous recherchez.

Ce n'était pas facile, mais j'ai pris la bonne décision, soupira Kevin. Il se retourna, leva les yeux et vit Mary-Kate et Ashley, qui le regardaient, le nez écrasé contre la fenêtre de leur chambre.

Il s'arrêta net.

Finalement il avait peut-être commis une erreur…

6

— Vous montez tout ça au grenier ? s'inquiéta Kevin, le lendemain après-midi.

Ses filles s'apprêtaient à y emporter une quantité impressionnante de victuailles.

— C'est juste de quoi grignoter, répondit Mary-Kate.

Kevin contempla le panier rempli de cookies, de bretzels, de chips, accompagné d'une énorme bouteille de soda. Un festival de cochonneries !

— Qui allez-vous nourrir là-haut ? Les Chicago Cubs ?

— C'est drôle que tu parles de base-ball, papa, répliqua Mary-Kate. Nous nous réunissons justement avec Max, Jessica et

Brian. On va mettre au point notre stratégie pour le grand match de lundi prochain.

— Ma stratégie consistant à ne pas jouer, précisa Ashley, et elle prit le panier.

Kevin dévisagea les jumelles. Il était temps de les mettre au courant de sa décision.

— Au fait, leur lança-t-il d'un ton qui se voulait désinvolte. J'ai engagé définitivement Mme Baker pour s'occuper de vous après l'école.

Mary-Kate et Ashley se figèrent.

— Mme Baker ! s'écria Mary-Kate. Mais c'est une antiquité !

— Oui, renchérit Ashley. On ne peut même pas parler avec elle.

— Et Carrie ? demanda Mary-Kate.

— Elle était tellement cool ! ajouta Ashley.

— Un peu trop, justement. J'ai besoin de quelqu'un de plus responsable pour veiller sur vous. Quelqu'un de moins... farfelu.

— Carrie n'est pas farfelue, protesta Ashley. Elle est drôle. Comme l'était maman.

— Oui. Et elle aime autant le sport que le shopping, exactement comme maman, surenchérit Mary-Kate.

Kevin haussa les sourcils.

— C'est vrai qu'en y réfléchissant, elle ressemble à...

Mais que lui arrivait-il ? Il délirait, ou quoi ?

— Bon, dit-il, revenant sur terre. Voilà ce que je vous propose. Carrie sera notre première remplaçante. Si jamais Mme Baker ne peut remplir son rôle, Carrie prendra sa relève.

— Autant oublier, soupira Mary-Kate.

Les deux sœurs quittèrent la cuisine en traînant des pieds.

— Donnez au moins une chance à Mme Baker, leur lança Kevin. Il paraît qu'elle a gardé Leonardo DiCaprio !

Elles lui claquèrent la porte au nez.

— J'étais sûr qu'elles ne me croiraient pas.

— Yo ! les salua Brian quand elles entrèrent dans le grenier.

Le grenier était le refuge de prédilection des jumelles avec son gros canapé défoncé et son joyeux tapis de toutes les couleurs. Les murs étaient couverts de posters de sportifs et de chanteurs de rock. Il y avait même un télescope pour observer les étoiles ou... les voisins.

— Mauvaise nouvelle, annonça Ashley, et elle posa le panier sur une table basse. Papa a définitivement engagé Mme Baker.

— Et Carrie ? demanda Jessica.

— C'est du passé. Sauf s'il arrive quelque chose à Mme Baker.

— Je m'en occupe, dit Brian, en tapant son poing dans sa paume. Je connais des durs en cinquième.

— Que tu es bête ! le rembarra Mary-Kate (elle lui donna une tape sur la tête). Nous ne lui voulons aucun mal. Il faudrait simplement lui trouver autre chose à faire, qu'elle n'ait plus le temps de s'occuper de nous. Et alors notre père sera bien forcé d'engager Carrie.

— Réfléchissons, suggéra Ashley.

— Je veux bien réfléchir, mais pas l'estomac vide, protesta Max.

Et il s'assit devant le panier.

Bientôt on n'entendit plus dans le grenier que des *crunch* et des *slurp*, signe d'intense cogitation.

Soudain, Jessica se leva d'un bond.

— Je sais ! Et si on trouvait un emploi à Mme Baker ?

— Elle a dépassé depuis longtemps l'âge de la retraite, grommela Max.

— Je vous en prie, un peu de sérieux, grommela Ashley. Il faut absolument trouver une solution.

— Mon cerveau va exploser ! protesta Max.

— Quel cerveau ? plaisanta Brian.

Ils s'absorbèrent à nouveau dans leurs pensées.

— J'ai trouvé ! cria Brian en claquant des doigts.

— Quoi ? demandèrent les autres d'une seule voix.

— Savez-vous quand ma mère me fiche la paix ? Quand elle a un petit ami.

Certes, la mère de Brian était divorcée et adorait sortir, mais elle avait également trente ans de moins que Mme Baker !

— Qui pourrait s'intéresser à une vieille dame de soixante-dix ans ? rétorqua Mary-Kate.

Il se fit un tel silence qu'on aurait entendu voler une mouche.

— Pourquoi pas un monsieur de soixante-dix ans ? proposa Ashley au bout d'un long moment.

— Où veux-tu qu'on le déniche ? ricana Max.

Mary-Kate eut alors une illumination. Elle se rua sur le télescope près de la fenêtre.

— Mary-Kate, tu espionnes encore les voisins ? s'informa Ashley.

— Non. Je fais juste un peu de recherche.

— De la recherche ? répéta Ashley.

Mary-Kate déplaçait lentement le télescope et observait les environs.

— Qu'est-ce que tu regardes ? demanda Jessica.

Mary-Kate scrutait le moindre centimètre carré de Belmont Street.

— J'aperçois par ma lorgnette magique... un petit garçon qui promène un golden retriever... un camion de livraison... un monsieur âgé et chauve qui ramasse son courrier...

Elle poussa un cri et colla son œil au viseur pour mieux voir. Elle reconnut le vieux M. Fillmore, qui habitait deux maisons plus haut.

— Mais comment n'y avais-je pas pensé? s'exclama-t-elle.

M. Fillmore était le petit ami idéal pour Mme Baker!

7

— Tout est prêt, annonça Ashley à Mary-Kate.

On était à la fin de l'après-midi. Les jumelles inspectaient la rue, décidées à mettre leur plan à exécution.

— Bon, je m'occupe de M. Fillmore pendant que toi, tu jettes de la poudre magique sur Mme Baker, chuchota Mary-Kate.

Ashley contempla la vieille dame qui s'était installée sur le perron pour tricoter.

— O.K. !

Deux maisons plus haut, M. Fillmore balayait le trottoir devant chez lui. Mary-Kate s'approcha et le dévisagea avec intensité.

— Quelque chose ne va pas, Mary-Kate? demanda-t-il.

— Excusez-moi de vous regarder comme ça, monsieur Fillmore, mais je ne vois pas.

— Qu'est-ce que tu ne vois pas?

— Mme Baker trouve que vous ressemblez à une vedette de cinéma. C'est sans doute parce qu'elle est amoureuse de vous.

— Quoi... que dis-tu? demanda-t-il en serrant son balai contre lui. Elle est amoureuse? De moi?

Mary-Kate hocha la tête.

— Surtout ne la regardez pas maintenant, elle vous observe.

M. Fillmore jeta un rapide coup d'œil. Mme Baker était penchée sur son tricot.

— Elle s'est détournée. Je vous avais dit de ne pas regarder.

Un peu plus bas dans la rue, Ashley surveillait la scène. C'était à son tour de jouer.

— Pauvre Mary-Kate! soupira-t-elle, et elle s'assit aux pieds de Mme Baker.

— Que lui arrive-t-il, ma chérie? s'inquiéta aussitôt la vieille dame, sans quitter son ouvrage des yeux.

— M. Fillmore l'a encore abordée pour parler de vous.

— Mon Dieu, mais pourquoi ?

— Tout le monde sait qu'il est fou amoureux de vous, dit Ashley avec un petit sourire coquin. Pourquoi croyez-vous qu'il passe son temps à vous observer ?

— C'est drôle. Je n'ai rien remarqué.

— Normal, il vous regarde à la dérobée.

— Ah bon ?

La vieille dame rougit et pivota dans la direction de M. Fillmore.

Ashley suivit son regard. En effet, M. Fillmore la dévisageait.

Bravo, Mary-Kate ! jubila-t-elle intérieurement.

Mme Baker pouffa de rire lorsque le vieux monsieur détourna les yeux.

— Il me regardait vraiment, Ashley.

— Pourquoi vous aurais-je menti ?

— Tu avais raison, Mary-Kate ! Elle me regarde ! s'exclama au même moment M. Fillmore, deux maisons plus bas.

Bien joué ! pensa Mary-Kate. *Maintenant, passons à l'étape suivante.*

— Vous savez, monsieur Fillmore, vous devriez peut-être inviter Mme Baker à dîner. J'ai entendu dire que le menu « spécial couche-tôt » du Sizzler était délicieux.

— Ah oui ? dit M. Fillmore (il se gratta le menton). J'aime bien leur poulet Malibu.

— Et Mme Baker adore le buffet de crudités. Alors n'hésitez pas, ajouta Mary-Kate en lui donnant une petite tape dans le dos.

M. Fillmore se dirigea aussitôt vers Mme Baker. Mary-Kate le rattrapa.

— Attendez ! Laissez-moi votre balai.

M. Fillmore repartit fièrement en roulant des épaules.

— Ah ! soupira Mary-Kate. C'est beau, l'amour !

La première partie de leur plan avait marché comme sur des roulettes.

Maintenant, il fallait passer à la seconde : convaincre leur père d'engager Carrie.

8

— Voyons, Mme Baker, je ne comprends pas ! protestait Kevin. Il y a deux jours, vous étiez ravie d'avoir ce travail.

Mme Baker serra son sac contre elle. Elle portait un cardigan tout neuf ainsi qu'un rouge à lèvres rouge vif.

— Il y a deux jours, mon ambition se limitait à faire des sandwichs au thon. Maintenant j'ai un petit ami, annonça-t-elle, avec un grand sourire.

Mary-Kate donna un discret coup de coude à Ashley.

— Mais j'ai seulement besoin de vous en fin d'après-midi, insista Kevin.

— Désolée, ce sont les meilleures heures de la journée pour Henry.

— Henry ?

— M. Fillmore, lui souffla Ashley.

— Oh !

— Madame Baker, vous me manquerez ! soupira Mary-Kate (elle se leva d'un bond et serra la vieille dame dans ses bras). Vous allez vraiment nous quitter ?

Ashley étouffa un gloussement. Mary-Kate en faisait peut-être un peu trop !

— Oui, mais tu pourras venir me voir chez M. Fillmore quand tu voudras, ma chérie.

— Que pourrais-je faire pour que vous changiez d'avis ? demanda Kevin. Voulez-vous que je vous augmente ?

Ashley se mordit les lèvres. Son père touchait une corde sensible. Mme Baker ferait-elle passer l'argent avant l'amour ?

— Ma décision est prise, répondit-elle en secouant la tête. Maintenant, si vous voulez bien m'excuser, nous devons sortir, Henry et moi. C'est la soirée des anciens au champ de courses.

— Nous voilà de retour à la case départ, soupira Kevin, quelques secondes après le départ de Mme Baker.

— Attends une minute, papa, dit Ashley. Tu n'avais pas une remplaçante ? Comment s'appelait-elle déjà ? Mary ? Terry ? Chérie ?

Kevin n'eut pas le temps de répondre qu'on sonnait à la porte. Mary-Kate et Ashley le suivirent dans l'entrée.

Il ouvrit la porte et resta bouche bée.

— Carrie ! s'exclama-t-il.

— Alors ça ! s'écria Ashley en essayant de ne pas rire. Carrie !

— Bonjour, monsieur Burke, dit Carrie. Vous m'avez appelée.

— M-moi ? bégaya Kevin.

— Enfin, c'est Ashley qui m'a appelée pour me transmettre votre message.

Kevin se tourna vers sa fille et la regarda d'un air soupçonneux.

— Merci, Ashley. Tu lis dans mes pensées, maintenant ?

— Plus ou moins, répondit-elle avec un haussement d'épaules.

— Et là, tu sais ce que je pense ?

Ashley déglutit péniblement. Il n'avait pas l'air content.

— Allons, papa, intervint Mary-Kate, venant à la rescousse de sa sœur. Ashley voulait seulement t'aider. Et Carrie était la suivante sur la liste, tu te souviens ?

— En effet, marmonna Kevin. Eh bien, on dirait que vous êtes engagée, dit-il, s'adressant à Carrie.

— Super ! jubila Mary-Kate, à voix basse.

— Ashley ? demanda Kevin. Comme tu as pris la direction des opérations, combien dois-je la payer ?

— Carrie et moi n'avons pas encore fini de négocier.

— Ne vous inquiétez pas, monsieur Burke, précisa Carrie, la proposition d'Ashley m'a paru tout à fait correcte.

Les jumelles éclatèrent de rire et se tapèrent dans les mains.

Elles avaient perdu une baby-sitter et gagné une nouvelle amie géniale !

9

— Si j'ai bien compris, vous pouvez lire dans vos pensées, dit Carrie qui remplissait de lait les verres des jumelles.

— Parfois. Si on veut. C'est un truc fréquent entre jumeaux, répondit Mary-Kate.

— Mais ne vous inquiétez pas, Carrie, dit Ashley. Nous n'échangeons pas de messages secrets. Et nous serons de vrais petits anges aujourd'hui !

— Pourquoi aujourd'hui ? demanda Carrie.

— Parce que nous ne voulons pas que vous abandonniez dès le premier jour, comme nos précédentes baby-sitters, dit Mary-Kate avec un petit clin d'œil à Ashley.

— Quoi ?

Mary-Kate éclata de rire.

— Je plaisante !

Il était trois heures et demie. Les jumelles étaient rentrées à toute vitesse du collège pour passer l'après-midi avec Carrie.

— Alors, qu'est-ce qu'on fait aujourd'hui ? demanda Ashley. On va au centre commercial ?

— Pas question ! protesta Mary-Kate. Carrie va m'apprendre à lancer la balle en tire-bouchon. N'est-ce pas, Carrie ?

— Je suis désolée de vous décevoir l'une comme l'autre, mais nous ne nous entraînerons ni au base-ball ni au shopping.

— Alors à quoi ? s'étonna Mary-Kate.

Carrie avait peut-être une idée meilleure encore. Qui sait ?

— Vous allez faire vos devoirs.

— Nos devoirs ? hurla Mary-Kate.

Et c'était pour ça qu'elles s'étaient pressées de rentrer ?

— Nous les faisons habituellement après le dîner, entre deux émissions de télé, dit Ashley.

— Écoutez, les filles. Je sais que les devoirs sont souvent une corvée, alors pourquoi ne pas s'en débarrasser le plus vite possible ? Ensuite, vous aurez le reste de la journée pour vous amuser.

Carrie a peut-être raison, songea Mary-Kate. *Je n'avais pas vu les choses sous cet angle.*

Le téléphone sonna. Mary-Kate courut répondre.

— Bonjour, Mary-Kate, dit son père.

— Bonsoir, papa, répondit-elle en se demandant, une fois de plus, comment il faisait pour distinguer sa voix de celle d'Ashley au téléphone.

— Comment ça se passe avec Carrie ?

— Super bien. Tu sais quoi ? ajouta-t-elle à voix basse. Elle aussi pense que les devoirs sont une corvée, comme moi.

— Une corvée ? répéta Kevin d'un ton désapprobateur. Elle t'a dit ça ? Passe-la-moi.

J'aurais mieux fait de me taire, pensa Mary-Kate. *Il a compris de travers.*

— Ne t'énerve pas, papa. Carrie est très bien.

— Mais…

— Oh, il faut que j'y aille. À plus tard, papa. Je t'aime !

Elle raccrocha et alla se rasseoir.

— Bon, dit Carrie, qu'avez-vous comme devoirs aujourd'hui ?

— La routine, dit Ashley. Des maths, de l'histoire, de la littérature et des trucs facultatifs.

Mary-Kate fit une grimace.

— Facultatifs ! Là, ne comptez pas sur moi. Pas question que je fasse quoi que ce soit en plus de mes devoirs ! J'abandonne !

— Tu abandonnes ! s'exclama Carrie. Mary-Kate, si tu jouais au soft-ball et que ton équipe mène le match, jetterais-tu ta batte et abandonnerais-tu la partie ?

— J'en ai assez de parler de base-ball, grogna Ashley.

— Alors ? Qu'est-ce que tu ferais ? insista Carrie, penchée vers Mary-Kate pour la regarder dans le blanc des yeux.

— Je continuerais à foncer, bien sûr. Pour gagner avec le meilleur score possible.

— Exactement ! Et c'est la même chose pour les devoirs facultatifs. Ils te donnent des points en plus, même si tu as déjà de bonnes notes.

Carrie n'avait peut-être pas tort.

— Mary-Kate Burke n'est pas du style à baisser les bras, hein ? demanda Carrie.

— Jamais de la vie !

— Alors que dirais-tu de plonger dans tes cours pour gagner quelques points ? proposa Carrie en levant le poing en l'air.

— D'accord. Je crois que vous m'avez convaincue.

— Wahou ! s'exclama Ashley. Ma sœur, faire du travail supplémentaire ! Si on m'avait dit ça !

Mary-Kate resta pétrifiée, son stylo en l'air.

C'est vrai, pensa-t-elle ! *Qu'est-ce qui me prend ?*

Elle dévisagea Carrie d'un air effaré.

10

— Très bien. C'est terminé pour aujourd'hui, annonça Kevin. La prochaine fois, nous aurons une sortie éducative à la tour Sears, l'immeuble le plus haut de Chicago, pour un cours sur la gravité. Ne vous avais-je pas promis de conduire la science aux plus hauts sommets ? ajouta-t-il avec un petit sourire.

Ses étudiants se levèrent en riant.

— À tout à l'heure, monsieur Burke, lui lança Carrie.

Il fronça les sourcils, subitement inquiet.

— Attendez, Carrie. Nous sommes jeudi soir. Vous savez ce que ça signifie.

— Oui, il n'y a rien de bien à la télé.

Kevin secoua la tête. D'accord, ce n'était que sa première semaine, mais Carrie avait encore beaucoup à apprendre.

— C'est le soir où je travaille tard. Je ne rentrerai pas avant neuf heures.

— D'accord. À neuf heures, alors ! lança-t-elle en se dirigeant vers la porte.

— Attendez !

— Qu'y a-t-il ?

— Je veux que les filles aient des horaires réguliers. Je tiens à ce qu'elles soient couchées à neuf heures au plus tard.

— D'accord, mais ça me laisse à peine le temps de percer le nez de Mary-Kate.

Il la fusilla du regard. Elle plaisantait, ou quoi ?

— Ne vous inquiétez pas, ajouta-t-elle avec un sourire espiègle. Je le ferai pendant qu'elle dort.

Le soir après le dîner, Ashley décida de confectionner ses cookies au chocolat préférés. Elle voulait fêter dignement la première semaine de travail de Carrie.

— Tes gâteaux embaument, dit Carrie en les sortant du four pour qu'ils refroidissent. Qui t'a appris à faire de la pâtisserie ?

— Ma mère, répondit Ashley. C'était un vrai cordon bleu.

— Quand est-elle morte ?

— Quand nous étions en cours élémentaire. Papa dit que j'ai hérité de ses dons de cuisinière. Mary-Kate, elle, a hérité de son côté zen.

Au même moment, Mary-Kate entra dans la cuisine, l'oreille collée à son portable. Ashley sentit aussitôt qu'elle était contrariée.

— Oh, oh ! J'ai l'impression qu'elle a un problème, chuchota Carrie à Ashley.

— Ça doit être grave. Elle n'a même pas vu les cookies.

— Je m'en fiche que tu souffres, Brian, disait Mary-Kate. Tu es notre meilleur frappeur. La douleur n'est pas une excuse.

Ashley et Carrie échangèrent un regard perplexe.

Une seconde plus tard, Mary-Kate mit fin à la conversation.

— Quelle mauviette, ce Brian ! s'écria-t-elle, folle furieuse.

— Que se passe-t-il ? demanda Ashley.

— Il s'est cassé la jambe.

— Ouille ! dit Carrie.

— Ce n'est pas si grave. Je ne vois pas ce qui l'empêche de jouer lundi.

— Quelle poisse ! dit Carrie, et elle lui fourra un cookie dans la bouche.

— Qui va le remplacer ? s'enquit Ashley.

— Je ne sais pas.

Mary-Kate prit un autre petit gâteau.

Ashley s'apprêtait à sortir un nouveau plateau de biscuits lorsqu'elle s'aperçut que sa sœur la dévisageait avec intérêt.

Oh non ! C'était trop facile de lire dans ses pensées. Mary-Kate délirait complètement.

— Ashley, tu veux bien prendre ce rouleau à pâtisserie et le tenir comme une batte de base-ball ?

— Je le savais ! (Ashley arracha son gant de cuisine et le jeta sur le comptoir.) Tu veux que je remplace, Brian, c'est ça ?

— J'ai besoin de toi, Ashley ! s'écria Mary-Kate.

Ashley sentit son estomac se soulever.

— Pas question ! Et arrête de crier, tu postillonnes !

— Je ne vois pas ce qui t'inquiète, Ashley ? Pourquoi tu ne veux pas jouer ?

— Parce que je suis nulle en base-ball. Je ne sais pas frapper, c'est bien connu. Autant me jeter directement aux requins pendant que tu y es !

— Tu sais, frapper est à la portée de tout le monde, même de toi, dit Carrie en posant une main rassurante sur son épaule.

— Vous ne m'avez jamais vue tenir une batte.

— Venez, dit Carrie (elle prit son manteau). Je connais un endroit où vous apprendrez quelques trucs.

— Où allons-nous ? s'enquit Ashley.

— Je vous emmène voir un match des Cubs.

— Quoi ? Un vrai match avec les vrais Cubs ? Ceux qui jouent en championnat ?

— Évidemment, répondit Carrie. Qui voulez-vous que ce soit ?

Elle leur jeta leur veste.

— Maintenant ?

Ashley n'en revenait pas.

— Maintenant ! confirma Carrie avec un grand sourire.

Wahou ! Elle ne perd pas de temps, pensa Ashley.

Elle enfila sa veste lentement. Quelque chose la tracassait.

— Il faudrait prévenir papa, vous ne croyez pas ?

— Il est en plein cours à cette heure-ci, répliqua Carrie. Et nous serons rentrées bien avant lui.

— Allez, Ashley, dit Mary-Kate. Tu ne veux pas voir un vrai match des Cubs ?

— Si, je veux bien. Du moment que je me contente de les regarder.

— Ça m'étonnerait que les Chicago Cubs te proposent d'entrer dans leur équipe, rétorqua Mary-Kate, les poings sur les hanches.

— On y va ? demanda Carrie.

— On y va, répondit Mary-Kate après avoir pris deux poignées de cookies.

— Nous y voilà, annonça Carrie en descendant du bus.

Mary-Kate et Ashley regardèrent autour d'elles. Elles se trouvaient dans une rue normale, remplie d'immeubles normaux.

— Je ne vois pas de stade, dit Mary-Kate.

— Oui, je croyais qu'on allait voir un match des Cubs, ajouta Ashley, les sourcils froncés.

— En effet, dit Carrie avec un sourire mystérieux.

Les jumelles la suivirent dans un immeuble en brique, dont l'entrée était abritée par un grand auvent rouge et encadrée de deux énormes plantes en pot.

— J'habite ici, annonça Carrie.

Qu'est-ce qu'on fait là ? se demanda Ashley ? *Que se passe-t-il ?*

— Nous n'avons jamais logé dans un immeuble, dit Mary-Kate, qui observait le hall avec son sol en marbre et ses deux grands miroirs.

— Et moi, je n'ai jamais vécu dans une maison, répondit Carrie en riant.

— Comment ça fait d'avoir autant de voisins ? demanda Ashley.

— Quand j'étais petite, je trouvais ça génial. Surtout à Halloween. On frappait à toutes les portes du premier au dernier étage et on revenait avec des tonnes de bonbons.

Elle les fit entrer dans l'ascenseur et appuya sur le bouton du dernier étage. Une fois arrivées à destination, elles prirent un petit escalier qui menait à une grosse porte verte.

— Ta-dahhh ! clama-t-elle.

Et elle poussa le battant.

Ashley sentit un courant d'air frais. Elle ralentit.

— Hé, attendez ! On est sur le toit. Qu'est-ce qu'on fait là ? protesta-t-elle, d'autant plus inquiète qu'elle avait le vertige.

— Carrie, ne me dites pas que vous habitez ici ! s'écria Mary-Kate, les yeux écarquillés.

— Bien sûr que non. La cohabitation avec les pigeons serait insupportable. Mon appartement est en dessous. Mais j'aime la vue, dit-elle. (Elle traversa le toit recouvert de goudron, et s'accouda à un muret qui lui arrivait à la taille.) Venez voir ! ajouta-t-elle.

Elle est complètement folle ! pensa Ashley en jetant un regard inquiet à Mary-Kate.

Mary-Kate, pas angoissée le moins du monde, courut rejoindre Carrie.

— Super ! s'exclama-t-elle.

Qu'y a-t-il en bas ? se demanda Ashley qui s'approchait à son tour.

— Fantastique !

Elles se trouvaient juste au-dessus du stade Wrigley où se déroulait un match des Cubs !

Les lumières du terrain illuminaient le ciel. De là où elle se trouvait, Ashley pouvait voir absolument tout.

— Alors, ce n'est pas génial ? demanda Carrie.

— Quelle question ! s'écria Mary-Kate. Je vois le frappeur d'ici !

— Et moi, je sens les hot-dogs ! dit Ashley.

— Vous pouvez me croire, les filles, déclara Carrie, c'est nous qui avons la meilleure place.

Ashley lui décocha un sourire radieux, toute inquiétude envolée.

Carry n'est pas folle. C'est même la fille la plus sympa que j'aie jamais rencontrée !

11

— Bonjour, madame Lacy, dit Kevin Burke d'une voix angoissée. (Fou d'inquiétude, il arpentait sa cuisine, le téléphone collé à l'oreille.) Mes filles seraient-elles chez vous ?

— Non. Il y a un problème ?

— Pas vraiment. Nous avons une nouvelle baby-sitter et il a dû y avoir un léger malentendu.

— Eh bien, si elles sont avec leur babysitter, cela doit vous rassurer, monsieur Burke.

— Pas tout à fait, marmonna-t-il. Je vous expliquerai une autre fois. Merci, madame Lacy.

Il raccrocha, l'estomac noué. Où Carrie avait-elle pu emmener les filles ? Chez un tatoueur ? Faire du saut à l'élastique ?

Il allait composer un autre numéro lorsqu'il entendit la porte d'entrée s'ouvrir. Il se précipita vers le salon, aussitôt soulagé.

Ashley, Mary-Kate et Carrie étaient au beau milieu d'une discussion très animée.

— Je ne pouvais pas perdre, protestait Mary-Kate. J'avais trois as et deux rois.

— Oui, mais c'est moins fort qu'un carré ! affirmait Carrie.

Kevin s'éclaircit la gorge.

— Bonsoir, papa, dit Mary-Kate.

— Papa, tu n'imagineras jamais ! s'écria Ashley en se jetant à son cou. On vient de passer un moment inoubliable !

— On est allées chez Carrie voir un match des Cubs, ajouta Mary-Kate. Ils jouaient contre les Atlanta Braves.

— Carrie habite juste en face du terrain, expliqua Ashley. Nous avons suivi la partie du haut du toit.

— Ah bon ?

— Et entre les manches, elle nous a appris à jouer au poker. Tu veux jouer, papa ? ajouta Ashley, et elle sortit un jeu de cartes.

— Pas pour le moment. Vous devriez être au lit. Dites bonsoir à Carrie.

Les jumelles souhaitèrent une bonne nuit à Carrie, embrassèrent leur père et montèrent se coucher.

Dès qu'il entendit leur porte se fermer, Kevin se tourna vers la jeune fille.

— Savez-vous l'heure qu'il est ?

Carrie consulta sa montre.

— Neuf heures dix. Mais ne vous inquiétez pas. Les dix minutes en plus sont pour moi.

Kevin n'en revenait pas. Elle ne se sentait même pas en faute ! Il fit un gros effort pour rester calme.

— Carrie, les filles devaient être couchées avant neuf heures, déclara-t-il.

— Je sais, mais nous nous amusions tellement.

— Eh bien, pas moi ! J'ai trouvé la maison vide, sans message, pas même un mot de leur baby-sitter.

— Je suis désolée. Enfin, nous n'avions que dix minutes de retard.

— Dix minutes pendant lesquelles j'ignorais où étaient passées mes filles. Avez-vous une idée de mon angoisse ?

— Pourtant vous saviez qu'elles étaient avec moi.

— Justement !

Carrie lui décocha un sourire rassurant.

— Écoutez, je comprends que vous vous soyez inquiété. Quand vous me connaîtrez mieux…

— Je n'en ai aucune intention, la coupa Kevin.

Elle resta figée sur place.

— Vous… vous me renvoyez ?

Un million de pensées traversèrent le cerveau de Kevin. Il savait que c'était la seule chose à faire, mais comment réagiraient les jumelles. Et Carrie ? Il ne devrait pas s'étonner si elle le poussait du haut de la tour Sears, le lendemain.

— Carrie, j'ai besoin de savoir mes filles en sécurité. Et vous ne me donnez pas l'impression de pouvoir assurer cette sécurité.

— Monsieur Burke. Quand je parlais de percer le nez de Mary-Kate, sachez que jamais je ne…

— Bonne nuit, Carrie.

Carrie le dévisagea, profondément peinée.

Elle se dirigea vers la porte.

— Vous leur direz au revoir de ma part, lança-t-elle par-dessus son épaule.

Bien sûr, songea-t-il. *Si elles m'adressent encore la parole !*

12

Mary-Kate se mit au lit.

— Tu crois que papa me permettra d'avoir un petit tatouage comme celui de Carrie ? demanda-t-elle à Ashley.

— N'y compte pas, il supporte déjà difficilement les transferts.

Ashley boutonna le dernier bouton de son pyjama en soie rose. Sa sœur portait comme d'habitude un grand T-shirt des Cubs.

— Le match des Cubs t'a-t-il fait changer d'avis pour lundi prochain ?

— Non, mais je me suis bien amusée.

La porte de leur chambre s'ouvrit. Leur père entra.

— Bonsoir, papa, dit Mary-Kate.

— Écoutez, les filles, commença-t-il en s'asseyant sur le lit d'Ashley. Au sujet de Carrie…

— Tu ne la trouves pas géniale ? le coupa Ashley.

— Je ne sais pas. Je sais que vous l'aimez bien, cependant je la trouve un peu trop laxiste avec vous.

— Quoi ? Ashley éclata de rire. Elle, laxiste ? Elle ne laisse rien passer !

— Oui, renchérit Mary-Kate. Elle me fait faire mes devoirs tous les jours. Même ceux qui sont facultatifs.

Kevin haussa les sourcils.

— Tu m'as dit qu'elle trouvait que c'était une corvée.

— Elle n'est pas comme les autres adultes. Elle est simplement honnête. On peut lui parler de toutes sortes de choses.

— De quoi, par exemple ?

Ashley déglutit péniblement.

— Euh… tu sais… des trucs comme la musique… les vêtements… les films…

— Et de Pokey Valentine, ajouta Mary-Kate, narquoise.

Ashley lui jeta son oreiller à la figure.

— C'est personnel, Mary-Kate !

— Un Pokey Valentine ? s'étonna Kevin.

Je t'en prie, Mary-Kate, supplia intérieurement Ashley. *Ne dis rien !*

— Le petit ami d'Ashley, enfin !

— Ce n'est pas vrai ! protesta Ashley, aussi rose que son pyjama. Il ne sait même pas qu'il me plaît.

— Il le saura demain, la taquina Mary-Kate avant de se cacher sous ses couvertures.

Ashley n'en revenait pas. Elle était trahie par sa propre sœur !

— Tu me le paieras ! rugit-elle en se jetant sur elle.

Kevin la saisit au vol.

— Bon, ça suffit. Calmez-vous, toutes les deux.

Mary-Kate risqua un œil hors des draps tandis que sa sœur se rasseyait.

— Je ne savais pas qu'il y avait un garçon qui te plaisait, Ashley, dit Kevin, d'un ton peiné. Pourquoi ne m'as-tu jamais parlé de ce Porky Valentine.

— Il s'appelle Pokey, pas Porky. (Ashley baissa les yeux.) Je ne sais pas, papa.

— Mais tu en as parlé à Carrie ?

— Évidemment, dit Ashley en levant les yeux au ciel. C'est une fille !

Évidemment, songea Kevin. Même s'il était un père génial, elles ne pouvaient pas tout lui raconter. Il y avait des sujets qu'elles ne pouvaient aborder qu'entre filles.

— Je vois, dit-il. Tu préfères parler de ces choses-là avec elle.

— Oui, si maman était encore là, c'est à elle que je me serais confiée.

— Et comme elle n'est plus là, Carrie peut faire l'affaire. Comme une remplaçante, ajouta Mary-Kate.

Kevin prit l'ours en peluche d'Ashley et le contempla fixement.

— Tu as peut-être raison. Pourtant, après ce que nous avons traversé depuis la mort de votre maman, je croyais que nous pouvions tout régler entre nous.

— Bien sûr, dit Ashley, devinant sa tristesse. Tu sais, tu es le meilleur papa du monde.

— Ouais, acquiesça Mary-Kate. C'est juste qu'il y a des sujets dont on préfère parler avec une femme. Les trucs de filles, quoi.

— Je comprends. Mais n'oubliez jamais que personne ne vous aime plus que moi.

Mary-Kate sortit de son lit, vint s'asseoir à côté de son père et passa son bras autour de son cou.

— Nous le savons.

— Et souvenez-vous que vous pouvez absolument tout me raconter.

— Merci, papa, dit Ashley en le serrant très fort dans ses bras.

Kevin étreignit ses deux filles tendrement puis il se leva et se dirigea vers la porte.

— Papa ? l'appela Ashley. Tu veux nous faire plaisir ?

— Bien sûr, de quoi s'agit-il ?

— La prochaine fois, tu pourrais… frapper avant d'entrer ?

Il lui lança un regard étonné.

— Frapper ? D'accord, j'essaierai, promit-il.

— Oh ! Et papa. Autre chose ! lança Mary-Kate alors qu'il posait la main sur la poignée de la porte. Tu ne trouves plus Carrie trop laxiste, n'est-ce pas ?

Une expression bizarre se peignit sur le visage de Kevin.

— Je ne sais plus. Peut-être que c'est moi qui ai besoin de me relâcher un peu.

Mary-Kate et Ashley échangèrent un grand sourire.

Tout s'arrangeait !

13

— Éliminé ! annonça le commentateur.

Il n'est pas le seul à s'être fait éliminer, songea Carrie qui était assise dans une chaise longue, sur le toit de son immeuble.

— Nous en sommes à deux hors jeu, et Chicago fait entrer Sammy Sosa, continua le journaliste.

— Sammy ? répéta Carrie. Elle monta le son de sa radio. Sammy Sosa était son joueur favori. Vas-y, Sammy ! Montre-leur de quoi tu es capable !

Elle se pencha vers la radio dans l'attente du coup.

— Carrie ! dit une voix masculine, derrière elle.

Elle se retourna d'un bond et reconnut son professeur. Son estomac se noua.

— Monsieur Burke ? Elle baissa la radio. Venez-vous vérifier si les Cubs se couchent avant neuf heures ?

Les mots lui avaient échappé. Trop tard pour les ravaler. Et c'étaient ses plaisanteries douteuses qui l'avaient mise dans ce pétrin.

Mais Kevin sourit et secoua la tête.

— Mes filles m'ont tellement parlé de la vue qu'on avait d'ici que j'ai voulu juger par moi-même. J'espère que je ne vous dérange pas.

Carrie parut soulagée.

— Non, au contraire, j'ai du mal à encourager les joueurs à moi seule.

Il approcha un siège et montra la radio.

— Qui va frapper ?

— Sammy Sosa.

— Sammy, hein ? Allez, Sammy ! hurla-t-il.

Carrie l'observa. Il n'avait pas l'air fâché, juste un peu mal à l'aise. Pourquoi ? se demanda-t-elle. C'est moi qui ai été virée.

— Bon, monsieur Burke, ne me dites pas que vous êtes ici pour encourager Sammy. Que se passe-t-il ?

— Je suis venu m'excuser.

— Je vous en prie. C'est ma faute. Nous sommes rentrées trop tard. Et j'aurais dû penser que vous vous inquiéteriez. Vous avez eu raison de me renvoyer.

— Je sais, mais…

— Mais vous n'étiez pas forcé de le faire aussi brutalement, s'énerva-t-elle. Et là, vous pouvez vous excuser !

— Quoi ? J'étais mort d'inquiétude !

— Et vous n'êtes pas obligé de crier !

— Je ne crie jamais, hurla-t-il.

— Si, vous criez en ce moment !

— C'est parce que je regarde un match de base-ball ! Allez, les Cubs ! Allez, les Cubs ! hurla-t-il à pleins poumons en se penchant vers le terrain.

Carrie ne put s'empêcher de sourire.

— Écoutez. Je ne voulais pas seulement m'excuser, reprit-il en se retournant vers elle. Il baissa les yeux. Je voulais surtout vous demander de revenir.

Carrie en resta bouche bée.

— Pardon ?

— Carrie, je viens de découvrir que mes filles n'étaient plus si petites. Elles grandissent.

— Oui, c'est impressionnant, n'est-ce pas ? compatit-elle.

— Je le reconnais. Et il y a des tas de choses dont elles ne peuvent pas me parler. Comme…

— Les garçons ?

— Oui !

— Les trucs de filles, quoi !

— Mais elles peuvent en parler avec vous.

— Sans doute parce que je suis passée par là.

— Et pas moi. Mary-Kate et Ashley ont besoin de vous. J'aimerais que vous reveniez vous occuper d'elles.

Carrie sentait son cœur faire des bonds, pourtant elle était décidée à rester calme, du moins en apparence. Et elle tenait à préciser un dernier point.

— D'accord. Je veux bien revenir… à une condition.

— Carrie, si vous espérez que je vais mettre le labo à huit heures…

Elle éclata de rire.

— Non. Pas du tout. Voici ma condition : je refuse de jouer les espions, monsieur Burke.

— Les espions ? Comment ça ?

— Si jamais Mary-Kate ou Ashley me confient quelque chose que vous devez savoir, je vous le dirai. Sinon, cela restera strictement entre elles et moi. Marché conclu ? demanda-t-elle en tendant la main.

Kevin hésita si longtemps que Carrie crut qu'elle était allée trop loin.

— Marché conclu, répondit-il enfin et il lui serra la main.

— Parfait, maintenant, regardons le match.

— Je voudrais vous poser une dernière question.

— Allez-y.

— Qui est Pokey Valentine ?

Carrie lui jeta un regard en biais. Était-ce un test ?

— Allez, Sammy ! cria-t-elle en se retournant vers le terrain.

— Bon, murmura-t-il, je suppose qu'un marché est un marché.

14

— Bonjour, Brian. C'est Ashley.

Elle jeta un regard à la pendule. Il ne lui restait que deux heures avant le grand match. Et il fallait qu'elle se sorte de ce pétrin.

— J'appelais pour prendre de tes nouvelles. Ta jambe est toujours cassée ?

— Juste en quatre endroits ! rétorqua-t-il.

— Quelle poisse ! Mais ça te ferait peut-être du bien de jouer cet après-midi. Un peu d'exercice...

CLIC !

Ashley regarda fixement son téléphone. *Il m'a raccroché au nez ! Qu'est-ce que je vais faire ? Je dois absolument trouver une solution !*

Soudain quelqu'un lui arracha le combiné des mains. Elle se retourna et vit Mary-Kate qui la regardait en souriant.

— Bien essayé !

Ashley lui jeta un regard suppliant.

— Je t'ai prévenue, Mary-Kate. Je préfère encore manger des vers que de jouer au soft-ball.

Mary-Kate prit une pomme qu'elle fit briller sur son T-shirt.

— Eh bien, tu n'as pas de chance, nous avons des hamburgers au dîner. Ashley, ça ne t'a rien appris de regarder les Cubs l'autre soir ?

— Si, ça m'a appris que je préférais être supporter plutôt que joueur !

— C'est vrai qu'ils tiennent un rôle important, eux aussi, dit Carrie qui venait d'entrer dans la cuisine. D'ailleurs je serai ta plus grande admiratrice, Ashley, je t'acclamerai à m'en faire éclater les poumons !

— Génial ! marmonna Ashley. Mais moi, je ne m'éclaterai pas du tout.

La porte s'ouvrit, Jessica et Max entrèrent à leur tour.

— Vous êtes prêtes ? demanda Max, en lançant une balle en l'air.

Je ne serai jamais prête, pensa Ashley, au bord de la nausée.

— Alors, il faut y aller, dit Jessica. Nous avons croisé des garçons du collège qui partaient déjà au stade.

— Qui ça ? demanda Mary-Kate.

— Pokey Valentine et ses copains.

— Pokey Valentine ? répéta Ashley, le cœur battant la chamade.

— Il tient à assister au match. D'après lui, nous allons nous faire écraser et il ne veut pas rater ça, soupira Max

— C'est ce qu'il a dit ! s'écria Mary-Kate en jetant sa pomme sur la table.

— C'est ce qu'il a dit ? répéta Ashley d'une voix éteinte.

Que pouvait-il lui arriver de pire ? Pokey Valentine verrait comme elle jouait mal au soft-ball. Elle allait se ridiculiser.

Ma vie est finie ! songea-t-elle. *Je suis fichue !*

Sur le terrain, Mary-Kate, Max et Jessica jaugeaient l'équipe adverse. Ashley scrutait les tribunes à la recherche de Pokey Valentine.

Elle le repéra enfin, deux rangs au-dessus de Carrie.

— Je ne voyais pas les joueurs de Dearborn Street aussi grands, remarqua Mary-Kate.

Jessica poussa un sifflement.

— Wahou ! Vous avez vu la taille de leur lanceur !

— Tu veux parler du géant avec l'appareil dentaire ? s'inquiéta Mary-Kate.

— Ce n'est pas un appareil dentaire, dit Max en frissonnant. Il mâche des clous.

— Vous avez vu leurs crampons, s'exclama Mary-Kate. On dirait des piques de traverses de chemin de fer.

— Vous voulez bien vous taire ! gémit Ashley en se plaquant les mains sur les oreilles.

On lui tapota sur l'épaule. Elle se retourna. C'était Carrie.

— Vous nous excusez une seconde ? dit-elle à l'intention de Jessica et Max. Je crois qu'Ashley a besoin d'un petit encouragement.

— Pas de problème, répondit Jessica. On en profitera pour s'échauffer.

— Nous en aurons besoin, renchérit Max d'un ton sinistre, et il suivit Jessica.

— Comment te sens-tu ? demanda Carrie à Ashley.

— Sur le point de me faire humilier, torturer et réduire en bouillie. Sinon, ça va.

— Allons, Ashley. Tu vas peut-être créer la plus grande surprise de la saison.

— Ça m'étonnerait, soupira-t-elle.

Carrie posa les yeux sur leur T-shirt qui portait leur prénom collé sur le devant et le nom de leur équipe, les Casseurs de Belmont, imprimé dans le dos.

— J'ai une idée ! s'écria-t-elle.

— Laquelle ? demanda Mary-Kate.

— Je sais comment résoudre le problème d'Ashley.

— Hein !

Ashley la dévisagea.

Carrie s'approcha et les prit toutes les deux par le cou.

— Écoutez-moi. Voilà mon plan…

15

— Vite, échangez vos prénoms, ordonna Carrie.

— Mais pourquoi ? demanda Mary-Kate.

— Comme ça, tu deviens Ashley et Ashley prend ta place.

— Oh, j'ai compris ! s'écria Ashley. Et quand je serai éliminée, tout le monde croira que c'est Mary-Kate. Même Pokey Valentine ! Quelle idée géniale !

— Mais c'est nul ! protesta sa sœur. Je ne suis pas d'accord !

— Mary-Kate ? Tu te souviens du spectacle de danse quand on avait six ans. Tu tremblais tellement que tu n'arrivais pas à enfiler ton costume de mite.

— Ouais, je me souviens, grommela Mary-Kate qui fixait la pointe de ses baskets.

— Qui t'a remplacée ? Qui a dansé à la fois son rôle de papillon et ton rôle de mite ?

— Toi.

— Et qui a eu une excellente appréciation du professeur de danse ? continua Ashley en haussant un sourcil interrogateur.

— Moi, enfin, toi...

— Tu vois. Tu me dois bien ça, Mary-Kate.

— Elle a raison, dit Carrie.

Mary-Kate hésitait encore. Elle savait qu'Ashley avait raison, mais fallait-il qu'elle s'humilie à ce point ?

— Allez, l'encouragea Carrie. C'est ta sœur. Et c'est vraiment important pour elle. C'est ça, l'esprit de famille.

— D'accord, soupira Mary-Kate en détachant l'étiquette qui portait son prénom. C'est parti pour la grande mystification.

— Voilà qui est parlé ! dit Ashley.

Les jumelles échangèrent rapidement

leurs prénoms. Maintenant Mary-Kate était Ashley et Ashley était Mary-Kate.

— C'est parfait, commenta Carrie. Maintenant, j'espère que personne ne s'apercevra de rien.

— Moi aussi, dit Mary-Kate. Nous pouvons tromper les joueurs de Dearborn Street. Mais nos amis risquent de nous démasquer. C'est vrai, quoi, Ashley est un peu plus grande que moi.

Au même moment, Jessica arriva en courant.

— Viens vite, Mary-Kate. Le match commence et c'est toi qui joues la première ! s'écria-t-elle.

— Je crois qu'on arrivera à berner tout le monde ! murmura Mary-Kate.

— C'est à regretter de ne pas avoir de jumelle, murmura Carrie. Tu as bien agi, tu es une gentille sœur, ajouta-t-elle en tapotant l'épaule de Mary-Kate. Il ne te reste plus qu'à jouer de ton mieux.

Les Diables de Dearborn prirent leurs positions sur le terrain. Mary-Kate s'assit sur le banc entre Max et Jessica. Elle voyait la batte trembler entre les mains d'Ashley.

— Je suis contente que ce soit Mary-Kate qui joue en premier, dit Jessica. C'est notre meilleure frappeuse.

Merci, faillit répondre Mary-Kate, juste avant de se souvenir qu'elle était censée être Ashley.

Elle regarda Ashley se diriger vers la base du frappeur. Quelle horreur ! songea-t-elle. Si seulement je pouvais prendre sa place !

— Allez, Mary-Kate ! cria Max.

Ashley avait l'air complètement paniquée. *Il faut que je l'aide, elle a besoin de moi*, songea Mary-Kate.

— Vas-y, Mary-Kate ! hurla-t-elle. Mets-leur une pâtée.

Ashley la chercha du regard et leva le pouce dans sa direction juste au moment où le lanceur prenait son élan !

— Non ! Garde les yeux sur la balle ! hurla Mary-Kate.

Ashley semblait perdue.

— La balle ? Quelle balle ?

— Celle-là ! s'égosilla Mary-Kate.

Et elle pointa l'objet qui fonçait sur elle.

— Au secours ! cria Ashley en fermant les yeux.

— Baaaaalle manquéééée ! hurla l'arbitre.

Jessica se leva d'un bond. Ce n'était pas le genre de Mary-Kate de rater les balles.

Mary-Kate se tassa sur son siège et enfouit sa tête entre ses mains.

— Ma réputation est fichue. Je veux bien aider ma sœur, mais pas à ce prix-là.

Ashley rata une deuxième balle, mais elle eut le temps de soulever la batte, cette fois-ci.

Le lanceur tira une troisième fois. Ashley, crispée, balança la batte…

CRAC !

Elle l'avait frappée.

— Bravo ! cria Carrie, du haut des gradins.

— Cours ! Cours vers le premier but ! hurla Mary-Kate.

Ashley jeta sa batte et courut vers la première base.

Mary-Kate regarda la balle atterrir sur le champ extérieur. Un joueur de la défense la ramassa et la lança vers la gardienne de la première base, une grande rousse.

— Je t'ai eue, hurla la fille en touchant Ashley avec la balle.

— Éliminée ! cria l'arbitre.

Ashley revint, piteuse, vers le banc. Mary-Kate lui tapota gentiment l'épaule.

— Bien essayé, Ashley… euh… Mary-Kate.

— Ouais, j'ai failli y arriver, tu as vu ?

Les jumelles se sourirent. Et soudain, Mary-Kate se sentit beaucoup mieux.

Même si nous ne gagnons pas le match, Ashley n'aura pas eu sa journée gâchée, songea-t-elle. *Quant à ma réputation, je dirai à tout le monde que je n'étais pas en forme. Ça arrive même aux plus grands joueurs, non ?*

Et elle rabattit crânement sa casquette sur son front.

Au début de la neuvième manche, le score était à égalité, c'était aux Casseurs de frapper à nouveau.

Max jeta un coup d'œil à la liste de ceux qui allaient jouer et haussa les épaules.

— Tu as l'air accablé, Max. Qu'est-ce qui t'arrive ? lui demanda Ashley.

— C'est à ta sœur de lancer, répondit-il d'une voix sinistre.

— Attends de me voir jouer, rétorqua Mary-Kate en prenant une batte pour aller s'échauffer.

Ashley entendit alors les commentaires de leurs équipières.

— Oh, super ! s'exclama Natasha Sims. Devine qui va frapper la balle : Ashley Burke !

— On est fichus, répondit Quincy Parker en secouant la tête.

Ashley se mordit la lèvre. *Suis-je vraiment nulle à ce point ?*

Elle vit au même moment Carrie se lever dans les gradins et haranguer leurs supporters.

— Dites donc ! Vous êtes aussi stimulants qu'un tas de nouilles trop cuites. Qu'est-ce que vous attendez pour encourager Ashley ? Allez, Ashley ! Allez, Ashley ! Allez, Ashley !

Leur surprise passée, les Casseurs se mirent à crier eux aussi.

— Allez, Ashley ! Allez, Ashley ! Allez, Ashley !

Ashley regarda autour d'elle. Tout le monde criait son nom, même Pokey Valentine !

Wahou ! Je sais que c'est Mary-Kate qu'ils encouragent, mais quelle importance ? C'est génial !

Ils se turent d'un coup quand Mary-Kate serra la batte. Ashley vit qu'elle fixait le lanceur. Elle devait essayer de l'hypnotiser.

Le lanceur fit un signe au receveur. Puis il prit de l'élan et lança la balle.

— La poisse ! marmonna Max. Une balle tire-bouchon.

Ashley se raidit. Elle se souvint que Mary-Kate avait interrogé Carrie à ce sujet. Se souviendrait-elle de ce que celle-ci lui avait appris ?

Mary-Kate balança la batte et…

… CRAC ! Elle percuta la balle de plein fouet.

La balle passa au-dessus de la tête du lanceur et atterrit en plein milieu des gradins.

— Cours ! cria Carrie. Cours vers les buts !

— Cours, cria Ashley en écho.

Tout le monde se leva tandis que Mary-Kate passait par la première base puis la deuxième et la troisième. La foule se déchaîna en voyant que ses autres équipiers en faisaient autant.

— Grand chelem ! cria Jessica.

— Nous avons gagné et c'est grâce à Ashley, jubila Max.

Non, corrigea intérieurement Ashley. *Grâce à Mary-Kate et à Ashley, même si, apparemment, c'est à moi qu'en revient le mérite !*

Je crois que je commence à aimer ce jeu !

16

— Alors, qui a gagné ? demanda Kevin lorsque les jumelles et Carrie entrèrent dans le salon où il corrigeait ses copies.

— Nous, répondit Mary-Kate. Et c'est grâce à Ashley.

Kevin dévisagea ses filles d'un œil soupçonneux.

— Dites donc, vous deux. Ne me dites pas que vous vous êtes encore fait passer l'une pour l'autre ?

Les jumelles éclatèrent de rire.

— Dans le mille ! s'exclamèrent-elles d'une seule voix.

— Écoute, papa, dit Ashley. Je sais que dans les films, le plus maladroit des frappeurs finit toujours par y arriver, mais je suis vraiment, vraiment nulle. Alors que là, je suis même devenue une vedette !

— Sauf que la vedette, ce n'est pas toi, corrigea Kevin en se levant. C'est Mary-Kate qui a marqué le point.

— C'est vrai. Mais je dois vous faire un aveu, monsieur, intervint Carrie. C'était mon idée.

— Carrie, il ne faut pas les encourager à jouer ce genre de tour. C'est malhonnête. Déloyal ! C'est...

— Elles n'ont fait de mal à personne, non ? Et Ashley a vécu un grand moment. Reconnaissez que c'était une bonne idée.

Kevin pinça les lèvres. Les jumelles le dévisagèrent avec inquiétude.

— Tu crois qu'il va encore renvoyer Carrie ? chuchota Ashley à Mary-Kate.

Carrie leur avait raconté comment Kevin l'avait virée puis engagée de nouveau, la première semaine.

Elles virent alors un sourire s'épanouir sur le visage de leur père.

— Oui, c'était bien joué. Mais il ne faut pas que ça devienne une habitude. Enfin, merci, Carrie.

— Tout le plaisir était pour moi.

Mary-Kate et Ashley poussèrent un soupir de soulagement. Carrie ne partirait pas.

— Ne serait-ce pas mon devoir que vous corrigez là ? s'exclama soudain Carrie, penchée par-dessus l'épaule de Kevin. Oh, vous n'avez pas compris ce que je voulais dire, ajouta-t-elle en montrant une des annotations qu'il avait faites dans la marge. En fait, je pensais…

On dirait qu'elle a toujours vécu avec nous, songea Ashley.

— On dirait qu'elle fait partie de la famille, murmura au même moment Mary-Kate, qui avait lu dans les pensées de sa sœur.

Ashley hocha la tête. Oui, c'était vrai. La jeune femme s'était merveilleusement intégrée à leur vie, comme s'ils n'attendaient qu'elle.

Et maintenant qu'elle était là, ils formaient une sacrée équipe !

Tu as aimé

Une baby-sitter, non merci

Alors retrouve vite Mary-Kate et Ashley avec cet extrait de

Échec et maths

[...]

— En quel honneur rentres-tu si tôt, papa ? demanda Ashley.

— Ce soir, au collège, c'était la réunion des parents d'élèves... J'avais rendez-vous avec Mlle Tandy, répondit-il d'un ton sévère.

Mary-Kate sentit son cœur se serrer. Ce rendez-vous la tracassait depuis une semaine. Elle n'était pas très bonne élève, contrairement à sa sœur, qui récoltait des A dans toutes les matières.

— Je crains le pire, dit Brian (il se dirigea vers la porte). Il vaut mieux que je m'en aille.

— Moi aussi, dit Max. À demain, Ashley. À dans un mois, Mary-Kate.

Brandon leur emboîta le pas, et les trois garçons sortirent en trombe.

— Mary-Kate, tu te souviens de notre petite conversation sur les maths, l'autre jour ? demanda Kevin.

Il passa un bras autour des épaules de sa fille et la conduisit vers le canapé.

— Oui, quand tu m'as dit : « Ne t'inquiète pas, Mary-Kate, plus tard, tu n'auras qu'à prendre une calculette. » C'est bien ça, papa ?

— Pas tout à fait, répondit Kevin en souriant. Je me rappelle t'avoir prévenue que si tu ne t'améliorais pas, tu devrais suivre des cours. Eh bien, félicitations, tes cours particuliers commencent demain soir, après le collège.

— Mais papa, c'est impossible ! En ce moment, j'ai mon entraînement de basket tous les après-midi. Nous avons bientôt un match très important ! Notre entraîneur, M. Martin, nous a avertis qu'au bout de cinq absences c'était l'élimination de l'équipe. Et il donnera ma place à Tanya Morris !

— Désolé, ma chérie, tu viens de te faire renvoyer au vestiaire. Au moins jusqu'à ce que tes notes remontent. Alors maintenant, file dans ta chambre et mets-toi au travail. Mlle Tandy te fera passer un nouveau contrôle vendredi.

Mary-Kate ouvrit la bouche pour protester. Son père secoua la tête.

Elle partit vers l'escalier tête basse, en traînant les pieds.

Quelle catastrophe !

Ashley lui courut après.

— Ne te laisse pas abattre.

— C'est fichu. Je ne peux plus suivre l'entraînement de basket.

— Juste le temps que tes notes de maths s'améliorent.

— Génial ! Autant attendre que j'aie mon bac !

Dans la même collection

mary-kate olsen **ashley** olsen

Les jumelles s'en mêlent

1. Une baby-sitter, non merci !
2. Échec et maths
3. Poker menteuse
4. Sœur contre sœur

mary-kateandashley
Poupées
Super Spa Day
Trempe ses mains et ses pieds dans l'eau
pour faire apparaître la couleur des ongles !
Changer la couleur de ses yeux et de ses lèvres.
Passe une journée au spa avec Mary-Kate et Ashley ! Tu peux faire apparaître la couleur des ongles...
... et changer le maquillage de jour en maquillage pour le soir !
La chaise se transforme en coiffeuse.
Real Dolls for Real Girls
Real Dolls For Real Girls, mary-kateandashley.com, Mary-Kate and Ashley, mary-kateandashley, Mary-Kate, Ashley et tous les éléments afférents sont des marques de Dualstar Entertainment Group, LLC ™ et © 2003 Dualstar Entertainment Group, LLC. Utilisation sous licence. Tous droits réservés.
mary-kateandashley.com
America Online Keyword: mary-kateandashley
DUALSTAR CONSUMER PRODUCTS
MATTEL

MARY-KATE ET ASHLEY FONT LEUR SHOW !

4 VIDÉOS INCONTOURNABLES

UN PRIX JAMAIS VU !

Longs métrages

Série TV

LE 15 OCTOBRE EN VHS & DVD, TU VAS LES ADORER !

Composition : Francisco *Compo*
61290 Longny-au-Perche

Impression réalisée sur Presse Offset par

BRODARD & TAUPIN

GROUPE CPI

La Flèche (Sarthe), le 22-08-2003
N° d'impression : 19140

Dépôt légal : septembre 2003

Imprimé en France

POCKET jeunesse

12, avenue d'Italie • 75627 PARIS Cedex 13

Tél. : 01.44.16.05.00